Y OF SUCCESS

「成功の心理学」講義

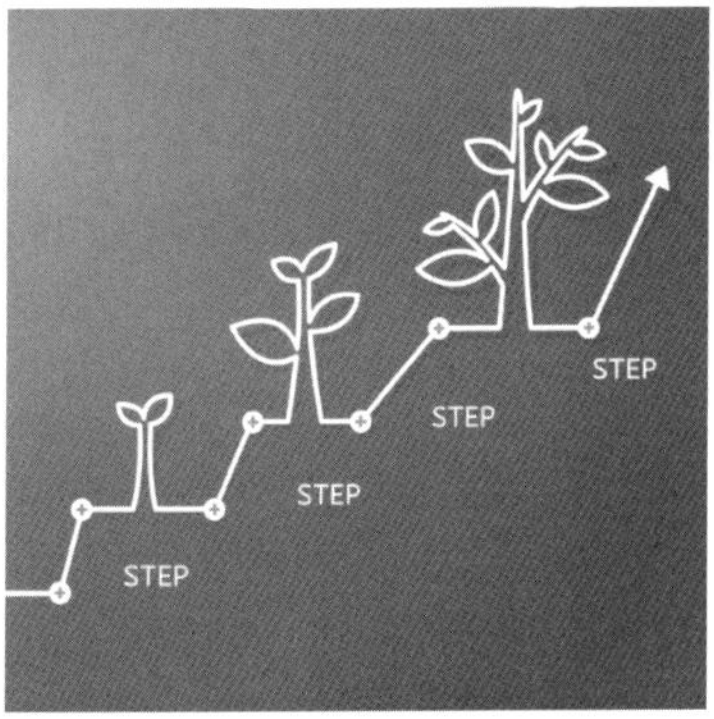

成功者に共通する
「心の法則」とは何か

RYUHO OKAWA
大川隆法

まえがき

「値千金《あたいせんきん》」の「『成功の心理学』講義」である。

医者や遺伝学者が何といおうとも、左翼思想家や、社会福祉家が何といおうとも、「成功の心理学」は実在する。

生まれにおいて貧しい者は、そのままであれば、親と同じく貧しい一生を送るものだが、「成功の心理学」を身につければ、目に見えて人生は好転していく。自分の才能の乏《とぼ》しさや、社会環境の貧しさの言い訳に専念し、愚痴《ぐち》を習慣にしないことだ。信念と熱意を持ち、積極的で建設的な人生観を持つことに成功した人間には、あらゆることが学びの種に転化していく。不幸や貧乏、病気、学歴の不足、災害や火事でさえ、次の成功のためのヒントとなり、種子となっていくのだ。

自分の研究所が失火によって、全焼した時にも、家族を呼んで、子供たちにも、「こんな光景はめったに見られるもんじゃない。しっかり見ておきなさい。これで一から研究をやり直せるぞ。」といった趣旨の言葉を述べた発明王エジソンの心境に学ぼう。

二〇一四年　八月二十一日

幸福《こうふく》の科学《かがく》グループ創始者兼総裁《そうししゃけんそうさい》

幸福《こうふく》の科学大学創立者《かがくだいがくそうりつしゃ》　大川隆法《おおかわりゅうほう》

「成功の心理学」講義　目次

「成功の心理学」講義

――成功者に共通する「心の法則」とは何か――

二〇一四年八月十七日　説法《せっぽう》
幸福の科学「奥《おく》の院精舎《いんしょうじゃ》」にて

2　宗教に見る「経済的・組織的成功論」　21

7 人材を養成し、より大きな成功を成し遂《と》げる 109

「成功の心理学」講義

――成功者に共通する「心の法則」とは何か――

二〇一四年八月十七日　説法《せっぽう》

幸福の科学「奥《おく》の院精舎《いんしょうじゃ》」にて

1　青春期に「成功の心理学」を学ぶことで、人生が決まる

青春期までに学んでおくべき人生の〝カーナビ〟とは

今日は「成功の心理学」と題して話をするつもりですが、非常に大事な話になるかと思います。

ある意味で、『幸福の科学大学創立者の精神を学ぶ』シリーズ（同書Ⅰ

およびⅡ（概論《がいろん》）〔幸福の科学出版刊〕）のなかに加えてもよい内容になるかもしれません。

これが一般《いっぱん》の人にも役に立つ考え方であるのは、もちろん言うまでもありませんけれども、特に、大学時代にどのような考え方をするか、難しく言えば、どのような人生哲学《てつがく》を持つかによって、その後の数十年の人生は大きく変わっていくことがあります。

つまり、青春期、学校で勉強する時期としては最後の段階において、この「成功の心理学」を学んでいたかどうかが、その後の人生を大きく分けていくことになるのではないかと思うのです。

世の多くの人たちは、「人生の成功・失敗は、かなりの偶然《ぐうぜん》性に伴《ともな》うものだ」と思っているかもしれませんし、宗教的な人のなかにも、多分に運命論的なものとして考える方が多いのではないでしょうか。

もちろん、そういう面がないとは言いません。「偶然性がない」とも、「運命論的なものがない」とも言いません。結果的には、そのように言えることもあるかとは思うのですが、私は今まで五十八年の人生を生きてきたなかで、やはり、「『成功には法則がある』ということは、どうしても否定できない」と感じています。

これは宗教的な悟《さと》りのすべてではなく、もちろん、この世的な部分を中心とした一種の法則ではありますが、今、自分を振《ふ》り返ってみて、「この成功の法則をつかんだならば、人は必ず目的地の方向へ向かって進んでいくことができる」ということを確信しています。

現代風に分かりやすく言えば、自動車のカーナビゲーション・システムのようなものでしょうか。

例えば、東京の地理をまだよく呑《の》み込《こ》めていないタクシードライバー見習いであっても、カーナビ装置に目的地を入力すると自動的に地図が表示され、「ここを走れ」というような案内が出てきます。それを見れば、道を覚えていなくても、そのとおりに走っていくと目的地に着くことができるわけです。

世の中にはいろいろな職業があり、いろいろな学問領域がありますが、それが何であるかにかかわらず、こうした、「成功の心理学」という名の

〝カーナビ〟を身につけることによって、人生を生き渡《わた》っていくことができるのではないかと思います。

「成功の心理学」を体得すれば、どんな道でも成功できる

今、私は、「宗教を中心とした仕事で、さまざまな分野において成功を収めつつある」と感じてはいますけれども、たとえ、それが別の領域、別の仕事であったとしても、どのような道であれ、やはり同じように、ある程度の成功を収めたのではないかと思います。

例えば、商店を始めても、それは大きくなったでしょうし、農業をして

も、新しい農法を広げていけるような農業事業家になれたでしょうし、塾《じゅく》を開いても、塾の経営者として大きな塾をつくっていくぐらいの力はあったでしょう。

あるいは、銀行家として大きな銀行をつくっていくこともできたでしょうし、工場経営でも大きな工場の経営ができたでしょう。学校の教員をしても成功できたと思いますし、公務員をしても十分な成果をあげることができたでしょう。政治家であっても、若いうちから目指していれば、それなりの成功をしていたのではないかと思うのです。

したがって、私は今、「宗教家」ということを中心にして成功してはいますけれども、別にこれは、たまたまその業種に当てはまっていたから成功しているというわけではありません。もちろん、宗教家としての特性に合った部分を前面に押《お》し出して成功してはいますが、他の方面でも十分に可能性はあったと考えています。

また、私は数多くの本を出していますが、作家としてのみ成功しようとしても、やはり、十分に成功できたのではないかと考えます。それは、私自身が「成功の心理学」を体得しているからです。

2 宗教に見る「経済的・組織的成功論」

古い宗教の教えから現代的な成功論を導き出す難しさ

伝統的に、仏教においてもキリスト教においても、「宗教を勉強する人には、貧しい人あるいは弱い人たちが多く、そういう人が集まるものだ」と考えられてきましたし、現代人においても、だいたい、「宗教に頼《たよ》る人は、弱く貧しい人たちだ」と考えられることが多いでしょう。

私も、それを否定する気持ちはまったくありません。そうした弱さや貧しさも、それが機縁《きえん》となって宗教にたどり着けるのであれば、それはそれでよいと思います。

ただ、現代の問題の一つとして、「二千年や二千五百年たった宗教の多くはすでに古くなっており、現代的な職業生活や人間関係における成功論にまで結びつけるのは、極《きわ》めて難しくなっている」ということがあります。社会事情が変わっているため、古い宗教ではそうしたものを導き出すことがかなり難しいわけです。

原始キリスト教において、イエスは、やはり貧しい人々への教えを説いていたように思われます。

また、「カトリックからプロテスタントの改革運動が起きるなかで、資本主義の精神が生まれた」というマックス・ウェーバー的な考え方もあります。「勤勉に働き、貯蓄《ちょちく》して、職業的に成功して、神の栄光をこの世に表す」というかたちで、プロテスタントの国で資本主義が発達し、大事業家等が出てきたという考えもあるのです。

キリスト教に積極的・事業家的考え方を取り入れたピール

それでも、二十世紀にノーマン・ビンセント・ピール博士が、キリスト教の牧師《ぼくし》として、「積極的な考え方」を持つことによる成功論を説いたときには、〝同業者〟である教会のほうは、それを喜ぶかと思えば、むしろ、「こんなものはキリスト教ではない」と反対に回ったというのが実際のところでした。

イエスは、「神のものは神へ」「ふたりの主《あるじ》に仕《つか》えることはできない。神とマモンに仕えることはできない」というようなことを言いました。マモンとは、欲望を中心とした、お金を支配する一種の悪魔《あくま》と言ってもよいかもしれません。また、金持ちに対して、その財産を全部施《ほどこ》さないと天国に入れないようなことも言っています。

ピール博士は『積極的考え方の力』を著《あらわ》し、事業家的な考え方も積極的に取り入れながら活動していきました。例えば、倒産《とうさん》しかかっている教会を三つほど建て直すなど、次々と再建して信者を増やしたり、百万部を超《こ》える出版物や月刊雑誌を出したり、いわゆるテレビ伝道師として、教会での説教を全米で放映したりするようになりました。

しかし、キリスト教にはそういう考え方が根強く入っているため、反対の声はしばらくやまなかったというように聞いています。

「クリスタル・カテドラル」を建てたロバート・シュラー

今述べたピール博士はアメリカ東海岸のほうの人ですけれども、西海岸のほうでは、ロバート・シュラー博士という人が、やはり、そうした積極思考を使い、逆境を乗り越《こ》えて成功する教えを説いています。事業家にも非常に適応性のある教えなのですが、なかなかそういう話ができない牧師のほうが多いので、反対する人も多かったようです。

シュラー博士が建てた「クリスタル・カテドラル」という、ガラスでできた大きな教会（現クライスト・カテドラル教会）は、ディズニーランド（カリフォルニア州）の近くにあり、私も行ったことがあります。

建築費用は、今の換算《かんさん》では二十億円ぐらいでしょうか。一九八〇年当時であれば何十億円かしたかもしれません。そうした教会を建てるという一大目標を立てたものの、「こんな金儲《かねもう》けの事業は成功するわけがない」と、教会の理事会メンバーは全員辞任したといいます。

ここは、三千人は入る大きな教会ですけれども、実は、お金を節約するために、フレームだけあって、あとはガラス張りの教会なのです。

私もこの教会を見に行きましたけれども、カリフォルニアですから、夏場は温室のようになってしまい、日中は暑くて礼拝《れいはい》にならないので、礼拝できそうなのは朝と夕方ぐらいしかありませんでした。クーラーを入れるほどの資金がなかったらしく、窓を開けて〝自然冷房《れいぼう》〟をするしかないため、日中は極めて厳しい状況《じょうきょう》でした。まあ、冬場は暖かくてよいかもしれませんが（笑）。

いずれにせよ、私どもから見ると、経営的な成功としては、幸福の科学のほうがずっと先まで行っているように感じられました。ただ、あのようなものでも、当時のキリスト教会では非常に珍《めずら》しいものだったと考えられます（なお、クリスタル・カテドラルは二〇一一年に破産申請《しんせい》し、カトリック教会へ売却《ばいきゃく》された）。

「釈尊《しゃくそん》は地上最大の伝道集団をつくり上げた」と捉《とら》えたウェーバー

一方、仏教については、「原始仏教の形態は限りなく小乗《しょうじょう》仏教に近いものであった」というように、現代日本の宗教学者からは見られています。托鉢《たくはつ》だけをもとにして、経済生活は最低限に抑《おさ》え、個人個人、一人ひとりが反省・瞑想修行《めいそうしゅぎょう》をして、「自分も仏陀《ぶっだ》になろう」「悟《さと》りを開こう」という運動だったと考えられているのです。

そういう小乗の時代が続いて、何百年かたった紀元プラス・マイナス一世紀ごろに大乗《だいじょう》運動が起きましたが、「それによって仏教は在家《ざいけ》主体の運動になり、大きなうねりができて広がっていったのだ」という考え方を説く人も多いようです。

また、仏陀の教えのなかに大乗の考え方を求めるのではなく、平川彰《ひらかわあきら》博士のように、「仏塔信仰《ぶっとうしんこう》」にそれを求める人もいます。仏教には「ストゥーパ」といわれる仏塔がありますが、「仏塔信仰を在家の人々がしているうちに、人が集まるようになって、これが在家運動として大乗のもとになったのだ」というように捉《とら》える説もあるのです。

しかし、私の『宗教社会学概論《がいろん》』（幸福の科学出版刊）でも解説した、ドイツの社会学者マックス・ウェーバーは、その著『ヒンドゥー教と仏教』のなかで非常に印象的なことを述べています。それは、「釈尊は地上最大の伝道集団をつくり上げた」という趣旨の内容を、はっきりと書いているところです。ウェーバーは社会学者なので、外見に現れた組織や仕事の活動のほうを中心に見ているため、仏陀の内面にまで深く迫《せま》れているとは思いません。ただ、そうした活動形態等の分析《ぶんせき》をするなかで、社会学者として、この点に注目したのです。

すなわち、仏教における伝道集団をつくり上げたのは、後世の人々ではなく、仏陀自身が持っている〝思想的遺伝子〟だったということを、マックス・ウェーバーがはっきりと認めているわけです。

彼は、「地上最大の伝道集団をつくることに成功した」というように捉えています。仏教を社会学的に分析すると、単に「個人が山林《さんりん》のなかで悟りを開こうとしている」とか、「禅寺《ぜんでら》で庵《いおり》を結び、一人で瞑想している」とかいうようなものではなく、やはり、「仏陀は、組織の運動形態に『伝道』を主眼として持っていた」と捉えられるのです。

「そのもとは『遊行《ゆぎょう》』である。インドを中心にいろいろな地域を遊行というかたちで『巡錫《じゅんしゃく》』することで、教えを広げていったということが中心にあった。それから、最大の伝道集団が出来上がったのだ」と考えているわけです。

当時の中インドが中心ではありますが、マックス・ウェーバーは、そういうことを述べています。

私も、仏教の「伝道」と「教団づくり」の〝遺伝子〟は、仏陀そのもののなかにもあったのではないかと考えています。二千数百年たった後世の学者たちの分析には、まだ甘《あま》いところがあるのではないでしょうか。

例えば、仏教学を講じている人が、「数名ぐらいの学生を相手に話しているようなつもりで仏陀もやっていた」と思っていて、組織論が見えていないというところは、残念に思います。

そのように、宗教においても、ある意味では、「この世的な成功論」が通用するものがあるのではないでしょうか。

「この世とあの世を貫《つらぬ》く幸福」という考え方を持つ

幸福の科学では、仏教やその他の宗教を比較《ひかく》し、勉強しながら、大学の授業内容をつくっていこうと考えています。それは、現代の学者が、原始キリスト教や原始仏教に対して捉えているような、「そこを通過すれば、みな、この世離《ばな》れして社会的適性がなくなる。貧乏《びんぼう》になって精神的にのみ生きていく」という考えではありませんし、そういうタイプの人を量産したいとは思っていません。

私の基本的な考え方としては、「この世とあの世を貫《つらぬ》く幸福」ということをよく言っていますし、この世でも立派な仕事をし、その立派な仕事が、この世を去った世界でも十分に評価されるような道を説いています。

宗教には、「この世的には悲惨《ひさん》で、あの世では栄光に輝《かがや》く」という考え方が多いのですが、できれば、私の考え方でいきたいと思っています。

当時のインドにおいて、仏陀は八十歳《さい》か八十一歳ぐらいまで生きていますが、当時の平均寿命《じゅみょう》から見れば、現代の百二十歳に相当するぐらいの寿命であると言われています。

仏陀は長寿を保ちつつ、大きな教団をつくり、マガダ国に「竹林精舎《ちくりんしょうじゃ》」、コーサラ国に「祇園《ぎおん》精舎」と、二大強国のなかに大きな宗教の伝道拠点《きょてん》をつくったのです。それ以外の精舎も幾《いく》つかつくっていますが、「組織的な考え方」があったことは明らかなので、この世的にも、ある程度成功し、宗教家として円熟して、この世を去っていかれた方だと思います。

「近代の宗教原理」を持ち、成功論的な要素もあった仏教

仏陀がふるさとを目指した「最後の旅」について書いてある『涅槃経《ねはんぎょう》』というう有名なお経《きょう》があり、それを訳したものがよく読まれています。「仏陀の悟りに至るまでの伝記」や「仏陀の最後の旅」というようなものがよく読まれているようです。

最後の旅において、仏陀はアーナンダ（阿難《あなん》）を引き連れて、ふるさと

の釈迦国《しゃかこく》を目指して帰ろうとしている途中《とちゅう》、クシナガラで没《ぼっ》したかたちで終わっています。

仏陀は、悟りを開く前の初期のころ、王宮を捨てて山林で修行し、貧しくて骸骨《がいこつ》に近い姿になるぐらい痩《や》せさらばえ、ミルク粥《がゆ》のお布施《ふせ》を受けたあとに、悟りを開いたことになっていますし、最後も、そのような旅の途中で亡《な》くなったことになっているわけです。

それだけを取ると、非常に細々《ほそぼそ》とした教団のように見えますが、マックス・ウェーバーが述べているような伝道集団として、「全国に教団の支部に当たるようなものをつくり、有力な弟子《でし》たちを派遣《はけん》していた」ということも忘れてはいけないでしょう。

現代のような交通路や伝達のツールがなかったために「歩く」ということが多く、仏陀は一年のうちの半分ぐらいは歩いていたのかもしれません。こうしたことが「回峰行《かいほうぎょう》」のもとになっているのだと思います。

ただ、回峰行として歩くことが修行の目的ではなく、遊行によって各地を転々としながら、そこに止住《しじゅう》して説法《せっぽう》し、そこにいる人たちを教化《きょうけ》するわけです。「教えを弘《ひろ》める」という仕事をしたり、「弟子を養成」したり、「信者を獲得《かくとく》」したりすることを行っていたわけです。

そのように、「仏教は近代の宗教原理そのものを持っていた」と言えるのではないかと思います。

したがって、宗教においても、現代における成功論的なものはあったと考えています。

イエスの教えをもとに「積極思考」を展開した人たち

先ほど述べたキリスト教のノーマン・ビンセント・ピール博士や、ロバート・シュラー博士等は、イエスの教えのなかから、「祈《いの》りなさい。さすれば叶《かな》えられるであろう」「あなたがたの誰《だれ》が、パンを欲《ほ》しがる自分の子供に石を与《あた》えるだろうか。魚を欲しがっているのに蛇《へび》を与えるだろうか。天にいる父は、求めるものを与えるであろう」「求めよ、さらば与えられん」というような言葉を中心にして、自分たちの「積極思考」を展開しているわけです。

彼らは、「天なる父もきちんとそれを認めているのだ。『祈りによる成功』や『思いが実体化する』ということを、イエスも説いているではないか」と言っているのです。そして、その部分を拡大し、新しいキリスト教の原理として使ったら、現代的なビジネスの成功原理とも合っているため、流行《はや》ったわけです。

そのため、ノーマン・ビンセント・ピールの『積極的考え方の力』は二千万部を超えるベストセラーになりました。そういうことが言えると思います。

多くのビジネスマンに支持された『常勝思考《じょうしょうしこう》』

学者や役人などは、どちらかというと、「社会主義的な考え方」を持つ方が多いのです。それは、資本主義的に成功したり、事業的に成功したりするような経験がないからでしょう。役人であれば、法律で給料が決められていますし、学者もそうだろうと思いますので、なかなか、そういう考え方が分からないことが多いのです。

また、学者が本を書いても、売れないことが多いのです。超《ちょう》一流大学の先生が書いた場合、その大学の学生が読んでくれたり、それ以外の大学でも採用されて読まれたりすることはありますが、そうでない一般《いっぱん》の学者が本を書いても読まれず、「採算ラインまでいかない」「三千部までいかない」というようなことも多いので、「本を書いて、それがベストセラーになる」ということが、なかなか信じられないのではないかと思います。

私の著書は、最初から、ある程度ベストセラーが出ていて、ベストセラーでないものはないのですが、ちょうど『常勝《じょうしょう》思考』（初版一九八九年刊〔幸福の科学出版刊〕）という本を出したあたりが一つの転換点だったように思います。日経新聞において、『常勝思考』がベストセラーの四番目で載《の》りましたが、これが全国紙に載った最初の本ではないでしょうか。

それまでの本はベストセラーではありましたが、週間ベストセラーぐらいのものでした。より大きな半期のベストセラーなどで出てきたのは、そのあたりが最初だったかと思います。

『常勝思考』のなかには、ビジネスマンたちも読んで勉強になる考え方が入っていますので、多くの人に支持されました。その当時、二百万部ぐらい売れたのではないかと思いますが、そうしたビジネスものにも関心を持って、いろいろと本を書くことも、私の仕事であるのです（注。『常勝思考』は二〇一四年八月現在、二十言語に翻訳され、世界的ベストセラーとなっている）。

ですから、「個人としての成功の仕方」「組織としての成功の仕方」「宗教としての成功の仕方」も説けますし、いろいろなかたちの説き方ができるのです。

「考え方」や「メソッド」を取り入れると成功できる

最初に申し上げましたように、基本的には、「その人間の持っている考え方が、その人の人生を引っ張っていく」ということは間違《まちが》いありません。

これについては繰《く》り返し実体験してきているので、間違いないのです。

「偶然《ぐうぜん》」とか、「たまたま運がよかった」とか、「魂的《たましい》に霊的《れいてき》な人だったから成功したのだ」とか言うことは簡単ですが、一般的には、すべての人が赤ん坊《ぼう》として生まれるため、「その人がどんな運命を持っているのか」

など、誰も分からないですし、自分自身も分からないのです。

結果論として、「魂の力だけで成功した」と言うことはできますが、「ある程度、考え方やメソッドを取り入れることによって、成功はできるのだ」ということは知っていただきたいと思います。

例えば、「本を書いて、ベストセラー作家になる」ということの難しさは、シングル曲を百万枚も売ってヒットさせる歌手と変わらないかもしれませんし、何億円もの収入を得る野球のバッターと変わらないかもしれません。あるいは、起業家として、一代で数万、十万、二十万人規模の大企《だいき》業《ぎょう》をつくるような方の成功と変わらないかもしれません。そういう、万に一人もいないぐらいの難しさかもしれないのです。

また、作家を目指している人はたくさんいますが、「作家といわれる人の平均年収は、おそらく二百万円ぐらいではないか」というように言われています。

そうであれば、だいたいの方は副業をしながら物書きをしているか、「清貧《せいひん》の思想」によって二百万円ぐらいで生きているか、そのどちらかでしょう。親の財産などがあれば生きていける方もいると思います。

そのように、なかなかベストセラーは出せませんし、学問的な著述においても、それは非常に難しいわけです。そういう人が教えても、ベストセラーを書けるような人は出てこないでしょう。その程度の難しさはあります。

「一万人に一人くらいの成功」と考えれば、「百戦百勝の成功学」とか、「必ず成功する」とかいうことが、〝お題目《だいもく》〟というか、誇大《こだい》宣伝のように聞こえるかもしれません。ただ、実際に成功を実体験した人には、「こうすれば必ずこうなる」「この仕事でなくても同じようにできる」と見える部分はあるので、「それを、どの程度まで吸収できるか」ということが大事だと思うのです。

3　私の少年期・青年期の思想的背景

徳島《とくしま》県の田舎《いなか》で育った「私の小・中学校時代」

そういう私も、「最初から、『成功の心理学』を体現していた」とは言えないと思います。

私は、四国の徳島《とくしま》県に流れる吉野川《よしのがわ》の中流ぐらいにある田舎《いなか》に生まれました。今は市になっていますが、中規模ぐらいの町で生まれたわけです。

そこでは、小・中学校の友人の三分の一ぐらいが農家の子供で、三分の一ぐらいが商店の子供でした。残りの三分の一ぐらいが、どこかにある大中小の会社に勤めている家の子供のような分布《ぶんぷ》だったかと思います。大学へ行った人の数も、そんなに多いわけではなかったのです。

当時は、高度成長が始まるころで、中学卒で大阪《おおさか》へ集団就職することもあった時代でした。頭がよくても、中学を卒業して就職していくような方もいた時代だったのです。

そういう時代背景であるため、なかなか、現代とは感じが違《ちが》うかもしれません。

私は、そうした田舎の普通《ふつう》レベルのところに生まれましたが、大学まで行かせていただいたので、「特別に家が厳しすぎる環境《かんきょう》にあった」とは言えないのかもしれません。これでも、恵《めぐ》まれている環境であったと思っています。

「職を転々とする父」と「職業婦人であった母」

私の父も、宗教的で哲学《てつがく》的な思想を持っている人ではあったのですが、これは、「実学を伴《ともな》わない思想」でもあったので、やはり、青春期には職業を放浪《ほうろう》しました。

「十年ぐらいで二十数種類の職業を経験した」と自分で言っていたので、

〝元祖《がんそ》フリーター〟のような方であったと思います（笑）。ただ、「飽《あ》きっぽかった」というのもあったらしいのです。「すぐ飽きてしまうので職を変えてしまう」ということで、いろいろなことをしていました。

最初は、学校の先生あたりを振《ふ》り出しにしたようではありますが、いろいろなところを転々としてきたようで、最後のほうでは革新系の政治運動をしていました。ただし、政治運動というのは、基本的にはボランティアに近いようなものですので、必ずしも収入を伴うものではありません。そういう政治運動において、理論的リーダーとして活動していたなかで、私の母と結婚《けっこん》しました。

母が職業婦人であったので、どちらかといえば、〝寄食者《きしょくしゃ》〟というかたちに近く、食べさせてもらっていた、現代的に言えば、「〝ヒモ〟になった」ということになるのかもしれません（笑）。「母に食べさせてもらうのを狙《ねら》って結婚した」というようにも見えなくもなく、収入はなかったのです。

ただ、「無職で結婚した、いい男」ということを、自分で宣伝していました。「収入はなくとも結婚するというのは、よっぽどいい男でなければできないから、ハンサムだったんだ。収入はなかったけど、ハンサムでインテリで、切れがよくてかっこよかったんだ」というようなことを言っていました。

千人ほどを相手にして演説するぐらいのことはしていたようなので、かっこよかったのでしょう。明治維新《いしん》の志士を芸者衆が囲っていたようなもので、無収入であっても、職業婦人の母が結婚してくれたわけです。

「自分の誕生」と「父の事業失敗と病気」が重なる

ただ、子供のほうは、十分な〝被害《ひがい》〟を受けました。

父は、二十九歳《さい》ぐらいで結婚して、いちおう政治の世界からは足を洗いましたが、少し見栄《みえ》っ張《ぱ》りなところがあったのだと思うのです。そのため、実績として十分な職業訓練を受けていなかったにもかかわらず、会社を起こしています。

おそらく、銀行から借金したり、友人・知人からも借金したり、保証を取りつけたりと、いろいろとしたのだと思いますが、三十歳から事業を起こし、三年ぐらいしたところで、やはり、結局は倒産《とうさん》ということになりました。

「人に使われるのは嫌《いや》だ」ということで、最初から社長をしたくて会社を起こしたわけですが、実際は、母の収入を当てにしていたのでしょう（笑）。よく、〝髪結《かみゆ》いの亭主《ていしゅ》〟という言葉があるように、現金収入のある奥《おく》さんと結婚した場合、男は、博打《ばくち》や、あるいは事業上の博打をすることがありますが、そういうことをしたのだと思います。

父が三十歳ぐらいのときに、私の四つ上の兄が生まれ、三十四歳のときに私が生まれたわけですが、私の生まれについて見てみると、父は、事業を三年したところで倒産し、事業が失敗すると、当然ながら心労しますので、その後、さらに病気になりました。

結核《けっかく》という病気も、昭和二十年代から三十年代の初めぐらいまでは、まだけっこう流行《はや》っていて、当時は戦後でしたから、栄養失調などが原因でなることが多かったのです。それで結核になり、一年とまでは言わないかもしれませんが、確か半年より長い間、サナトリウム（療養所《りょうようじょ》）に入院していました。

当時の治療というものは、今に比べれば、けっこう大雑把《おおざっぱ》ですので、「肋骨《ろっこつ》の半分ほどを切り取る」というような荒療治《あらりょうじ》をしていました。「洗面器いっぱいの、ものすごい量の血が出た」というようなことを母が言っていたので、母が引っ繰《く》り返るほどの光景だったようです。

そのように、サナトリウムで療養しているというなかで、なぜか私が生まれてきており、それが、父が三十四歳ぐらいのときのことでした。

したがって、私は、出誕においては、非常に悲惨《ひさん》なスタートを得ており、運命論的に言ったら、非常に不安定で、賭《か》けにも近いような、サイコロを投げるような状態で生まれてきています。もし、そのときに父が亡《な》くなっておれば、私の人生は、さらに悲惨なものになっていたでしょう。

「左翼《さよく》思想」により「金儲《かねもう》け」批判の思想を持っていた父

実際、父親の父親、つまり、私の祖父も、父が七歳のときに亡くなっていて、それが原因で、祖母は、女手一つで四人の子供を育てています。長男が出征《しゅっせい》していたこともあって、姉と弟、つまり、私の伯母《おば》と叔父《おじ》に当たる二人と、それから母親、さらには兄嫁《あによめ》等まで徳島で引き取っていたので、父のほうが、経済的支柱として働かなければならず、「十分な学業を全《まっと》うできない状態になったことが残念である」と、ずいぶん悔《く》やんではいました。

長兄《ちょうけい》は、働きながらではありますが、大学を出ることができたのに、弟《てい》妹《まい》たちの学資まで出してあげるだけの力はなく、母子家庭でもあったので、父が働かなければならなかったということで、そういったあたりが、職業的に安定しなかった理由の一つなのかもしれません。

父は左翼《さよく》思想にもかぶれていましたので、やはり、〝プチブル批判〟のようなことをしたり、あるいは、政府批判もしたりしていましたし、金儲《かねもう》け、金持ち等の批判も、思想的には持っていたように思います。

勉強さえできれば大学まで行かせてくれた両親

そういうことで、私は、借金のなかで生まれてきたわけでして、そのあと二十年以上は、借金を返す状態が続いていたと思います。

ただ、二十年を過ぎたあたりで〝踏《ふ》み倒《たお》した〟のではないでしょうか（笑）。二十年ぐらいまでは、母が帳簿《ちょうぼ》をつけて返していたのは覚えているのですが、完済したとは聞いていないので、そのあとは、何となく「踏み倒したのではないか」というぐらい雲散霧消《うんさんむしょう》してしまいました。最後は、みな死んでいったか、忘れたか、諦《あきら》めたか、何か、そういうことではないかと思います。

このように、私の人生において、少年時代は、だいたい（家は）借金漬《づ》けで送ったわけです。ただ、そのなかで、能天気に遊び、勉強してきたということは、ありがたいことであったと思います。

小・中学校は、義務教育で無償《むしょう》でもあったわけですから、楽であったことも事実ですが、高校時代も、まだ借金が残っていて、家計は十分ではない状態でしたので、高校、大学と、日本育英会《いくえいかい》から奨学金《しょうがくきん》を頂き、卒業しています。

それでも、私としては、別にそれほど被害意識はなく、「国立大学なら行かせてやる」という条件付きではありましたが、兄も私も大学に行かせてもらえたので、田舎の中規模の町に生まれた人間としては恵まれていたほうだと思います。中学卒で、集団就職などに行っていたのでは、やはり、少しきつかったでしょうし、農業をしていたのでもきつかったとは思いますので、その意味で、「勉強さえできれば大学に行かせてくれた」ということはありがたいことでした。

当時は、国立大学の授業料が、兄のときで年間三万六千円、私のときで九万六千円だったので、非常に助かるといいますか、戦後は貧しい人たちも多かったので、そういう人たちのなかで勉強ができる子たちには、大学に行かせるようにしていたわけです。

しかし、その後、授業料はどんどん上がっていきました。「私立との格差是正《ぜせい》」という名目《めいもく》の下《もと》に、私立大学の授業料に近づいていき、だいぶ上がっていますので、現在はずいぶん違っています。また、国民全体の収入体系が上がっていることも、理由としてはあったのでしょう。

そういうことで、国立大学であれば、入学するのにそれほど厳しくはありませんでしたし、アルバイト代と奨学金、それと、親の仕送りも少しは必要でしたが、それだけあれば、卒業することができたところはありました。

「環境《かんきょう》決定論者《ろんじゃ》・運命決定論者」的な面があった少・青年期

したがって、二十歳《はたち》以前の私の思想、少年期、青年期の私の思想には、先ほど述べていた「資本主義の精神」のようなものが、それほど宿っていたわけではなく、どちらかといえば、「環境《かんきょう》決定論者《ろんじゃ》」、あるいは「運命決定論者」的な面も持っていました。

それには、おそらく、父親が、自分の運命について愚痴《ぐち》を言っていたことも大きく影響《えいきょう》していましたし、キリスト教や仏教、哲学などの「清貧《せいひん》の思想」のようなものも入っていたと思うのです。

キリストや仏陀《ぶっだ》についても、そういう貧しかった話はありますが、戦後の哲学者などにも、そういう話はあります。西田幾多郎《にしだきたろう》のような人でも、金沢《かなざわ》で旧制高校の先生をしていたときもありますが、うちわか何かで火に風を送りながら、七輪《しちりん》でめざしのような魚を焼いて食べている写真などを見たことがありますから、やはり哲学者も、同じような状況《じょうきょう》のなか、清貧のなかで哲学をしていたのでしょう。

そういうことで、二十歳前までの思想から見れば、どちらかといえば、革新的なものの思想で、弱者救済や環境論、あるいは、「政府がよくない」などという考えや、「人には生まれによって、運、不運がある」というような考えに流される傾向《けいこう》を持っていたと思います。

「倒産《とうさん》」や「失敗」を知った上で、それを乗り越《こ》える方法

しかし、大学に入って授業を受けて勉強したり、自分でも本を読んで勉強したり、成功した方々のいろいろな言葉や思想を勉強したりしたこともあって、それらに影響を受け、「どうも、少し違う面もあるのかな」という感じを受けました。「父が事業で成功しなかったことには、この世的にも、ちゃんと合理的な理由があったのではないか」ということを学んだのです。

父には、やはり、「経営思想」をしっかりと学んでいなかったところが

あったと思います。経営も、一定の合理的な思想の下《もと》に行うと成功することはあるのですが、それを学んでいないと成功できません。もちろん、「経験的なもの」も必要ですが、「知識的なもの」も必要であり、つまり、「知識」「経験」がないと成功しない面があるのです。

そのような経験を、私は経《へ》てきています。

また、兄などが、学習塾《じゅく》の経営をして、成功させることができずに、闘病《とうびょう》して亡くなった経験もあります。

その意味で、「経営というのは、やれば何でも、必ず成功する」というような「お題目《だいもく》」、あるいは、詐欺《さぎ》的な言葉によって誘惑《ゆうわく》するつもりで語っているわけではありません。

実体験として、「倒産したり、経営に失敗したりすることも十分にありえる」ということを知った上で、さらに、それを乗り越《こ》えていく方法を自分なりに研究し、考えてきたつもりなのです。

4　深層心理学で考える「マルクス主義」の問題点

お金に「罪悪感」があると「お金は集まってこない」

「成功の心理学」として、まず、言っておかなければならないことを述べたいと思います。

初めに述べた、キリスト教の牧師《ぼくし》の話にもありましたし、仏教徒にもありますが、宗教的な人格を持った人のなかには、お金に対する「罪悪感」

のようなものを持っている人が多くいます。

それは、「お金儲《かねもう》けに成功するというのは、いやらしいこと、汚《きたな》いことだ。そういうことをするのは、人間としてよくないし、天国に行けない」という考え方です。

要するに、「お金儲けをしたら、人間としては、この世的で、ずる賢《がしこ》くて、汚い人間になって、心が清くなくなる。魂《たましい》が穢《けが》れて、天国に行けなくなる。だから、お金に縁《えん》のない人生を生きることが、純粋《じゅんすい》で正しいのだ」という考え方なのです。

しかし、そうした考え方を持っていた場合、事業的に成功することは、ほとんどないと考えてよいでしょう。

やはり、お金を嫌《きら》う人のところには、お金は集まってはきません。資本家というのは、もともと、「お金をどのように集中させ、その集中したお金をどのように投下して、事業をいっそう大きくするか」ということに成功した人なのです。その意味で、資本家は、本来、「富が集まってくるような磁力を持っている」と言えるでしょう。

したがって、「お金そのものについて、罪悪感を持つ」というのは、基本的に、事業成功の方法としては間違《まちが》いであると思います。

そのように、「宗教思想を学んだために、事業に成功しない」ということになると、不幸な人が増えていくことになりますので、この点については、やはり、一点、注意しておきたいと思います。

深層心理学から見た、「悪口《わるくち》」や「嫉妬《しっと》」がいけない理由

また、自分はお金儲けができなかったのに、人が儲かっている場合、その人の悪口《わるくち》を言ったり、嫉妬《しっと》したりするのは、人間の常《つね》です。

しかし、「成功した人に対して、悪口を言ったり、嫉妬したりしていると、自分はそのようにならなくなる」ということを、私は心理学で学びました。

それはどういうことかというと、深層心理学的には、自分に降りかかってくる運命というのは、その人が心のなかに刻印《こくいん》してきた思いが投影《とうえい》され

てくるわけですが、そのときに、「主語が落ちる」と、よく言われているのです。

例えば、「Aさんが金持ちになったのは、けしからん」というように思っていたとすると、その「Aさんが」という主語の部分が落ちてしまうわけです。

この主語の部分は、「私が」になっても構いません。「私が金持ちになるのは、けしからん」「親が金持ちになるのは、けしからん」「兄弟が金持ちになるのは、けしからん」など、何でもよいのですが、そうした主語の部分が落ちて、その結論だけが心のなかに入ってくることになるのです。

したがって、「そうした、成功者やお金持ちになった人を否定する言葉、あるいは、呪《のろ》う言葉をよく口に出していると、深層心理的には、自分がやることと反対のほう、逆のほうに向かっていくようになるので、貧乏《びんぼう》になっていく」ということは知っておいたほうがよいと思います。

「嫉妬《しっと》の合理化」が入っている「マルクス思想」

これは、マルクス主義を勉強する際の非常に大事なところです。マルクス自身に、やはり、そうした、資本家やお金持ちを呪っている部分がありました。

例えば、「大地主《おおじぬし》に代表される大資本家が、非常に大きな農場などを生まれつき持っており、自分は働かずに、小作農《こさくのう》を働かせ、小作農から収奪《しゅうだつ》し、お手伝いをたくさん使って優雅《ゆうが》な暮らしをする」という話は、身分制が強かった時代の小説には、よく出てきます。

その意味で、私は、大地主から小作農を解放して、それぞれが自主的にやれるようになっていく流れ、自営業になっていけるようにしていく流れ自体を否定する気はまったくありません。それは、「チャンスをみんなに与《あた》えた」という意味では、よいことでしょう。

しかし、「そうした大資本家を単なる悪のように考えると、自分は、そのようにはならなくなってくる」ということは、知っておいたほうがよいのではないかと思うのです。

マルクスのなかには根深い嫉妬《しっと》がありますし、「嫉妬を合理化し、制度化したのがマルクス主義経済学だ」と私は思います。

つまり、「人間は、一時間当たり、働いて稼《かせ》ぎ出せる価値が同じなのだから、みんな同じ価値を持っており、一日で稼げる賃金は一緒《いっしょ》なのに、『ある者は富み、ある者は貧しい』というのは、おかしい。

これは、富んでいる者が、ずるいことをしているからだ。生まれつき優遇《ゆうぐう》された立場にあったか、あるいは、人を使ってうまいことをやり、お金を集め、自分は豊かになって、ほかの貧しい人から搾取《さくしゅ》しているため、ほかの人は貧しいままになっているのだ」という思想が、マルクス主義経済学のなかには入っているのです。この思想には、「嫉妬の合理化」が入っているということを、やはり見抜《みぬ》かなければいけません。

そうなっているのは、マルクス自身の経済事情の影響《えいきょう》が大きかったと思います。

自分自身も、「ライン新聞」の発行をやっていて、経営に行き詰《づ》まり、失敗していますし、エンゲルスという友人に経済的に支援《しえん》してもらって、子供なども、そちらのほうに引き取ってもらい、育ててもらったりもしています。また、「マルクスの著作の大部分も、マルクスの死後、エンゲルスの手によって完成されて、出版された」という経緯《けいい》もあって、マルクスは、生きている間に経済的成功を成し遂《と》げていないのです。

しかし、マルクスの思想自体は、独《ひと》り歩きをしており、「私はマルクス主義者ではない」と本人自身が言っているぐらいですから、「嫉妬の代弁」として非常に役に立ったのだと思うのです。

郵便はがき

料金受取人払郵便

赤坂局承認

6467

差出有効期間
平成28年5月
5日まで
(切手不要)

107-8790

112

東京都港区赤坂2丁目10－14
幸福の科学出版(株)
愛読者アンケート係 行

フリガナ お名前	男・女	歳
ご住所 〒 都道府県		
お電話 ( ) －		
e-mail アドレス		
ご職業 ①会社員 ②会社役員 ③経営者 ④公務員 ⑤教員・研究者 ⑥自営業 ⑦主婦 ⑧学生 ⑨パート・アルバイト ⑩他 ( )		

ご記入いただきました個人情報については、同意なく他の目的で使用することはございません。ご協力ありがとうございました。

愛読者プレゼント☆アンケート

『「成功の心理学」講義』のご購読ありがとうございました。今後の参考とさせていただきますので、下記の質問にお答えください。抽選で幸福の科学出版の書籍・雑誌をプレゼント致します。(発表は発送をもってかえさせていただきます)

1 本書をお読みになったご感想

(なお、ご感想を匿名にて広告等に掲載させていただくことがございます)

2 本書をお求めの理由は何ですか。

①書名にひかれて　②表紙デザインが気に入った　③内容に興味を持った

3 本書をどのようにお知りになりましたか。

①新聞広告を見て [新聞名：　]
②書店で見て　③人に勧められて　④月刊「ザ・リバティ」
⑤月刊「アー・ユー・ハッピー?」　⑥幸福の科学の小冊子
⑦ラジオ番組「天使のモーニングコール」　⑧幸福の科学出版のホームページ
⑨その他 (　)

4 本書をどちらで購入されましたか。

①書店　②インターネット (サイト名　)
③その他 (　)

5 今後、弊社発行のメールマガジンをお送りしてもよろしいですか。

はい (e-mailアドレス　)・いいえ

6 今後、読者モニターとして、お電話等でご意見をお伺いしてもよろしいですか。(謝礼として、図書カード等をお送り致します)

はい・いいえ

弊社より新刊情報、DMを送らせていただきます。新刊情報、DMを希望されない方は右記にチェックをお願いします。　□DMを希望しない

5　日本社会のなかにある「社会主義的傾向《けいこう》」

「資本主義の精神」に反している「日本の税務署」

多数決の原理だけで見ると、やはり、貧しい人のほうが数が多いので、嫉妬《しっと》による多数決が民主主義的に捉《とら》えられると、「結果平等」の共産主義的思想というものが、政治的には流行《はや》ってくるようになります。

ただ、逆の意味で考えると、「どのように努力しようと、どのように創意工夫《くふう》しようと、いくらそれでお金を稼《かせ》ごうと、結果がみんな一緒《いっしょ》になる」というのであれば、やはり、資本家は生まれません。

これは、日本の税務署を管轄《かんかつ》する人たちにも言えることですが、「大金持ちになった人、お金儲《かねもう》けをした人は悪いことをしたのだ」というような懲罰論《ちょうばつろん》的な考え方が、その思想のなかには入っているのです。日本は、「資本主義の国だ」と思われていますが、ある意味で、社会主義的な面があって、お金持ちを懲罰の対象として見ているところがあるわけです。

今は、「個人情報保護」の観点や、あるいは、「名前を発表すると、いろいろと犯罪に巻き込《こ》まれやすい」という観点もあって、いわゆる「長者番付」（高額納税者番付ともいう）を二〇〇五年（二〇〇四年分）までは発表していたのですが、その後、発表しなくなりました。

ただ、そうした、高額納税者を発表する場合も、「長者として、ほめたたえる」というかたちではなくて、「本人は、『これだけ儲けている』と申告して、税金をこれだけ払《はら》っているけれども、それを公表して、ごまかしていないかどうかを周りの人に監視《かんし》させる目的で発表しているのだ」というように税務当局は言っていました。

つまり、「『お金儲けをした人は、何か悪いことをして儲けているのではないか。不正な節税をして、税金をごまかして減らしていないか。もっと儲けているのに、税金をこれだけしか払っていないのはおかしいのではないか』と、周りの人に監視させる目的で発表している」ということです。

しかし、そのような趣旨《しゅし》であれば、「お金持ちになると、罪人《ざいにん》になる」というのと一緒です。「金儲けをするのは犯罪を犯《おか》しているのと一緒だから、罰として罰金を与《あた》える。罰金として税金を納めさせてやる」という考えに極《きわ》めて近いので、やはり、資本主義の精神に反するものがあると思います。

このように、「金儲けしたやつは悪いやつだから、罰金を集め、その罰金を収入として、政府が運営され、公務員の給料になっているのだ」という考え方を持つのであれば、基本的に、資本家は増えてこないでしょう。

やはり、資本主義を肯定《こうてい》して、「大きな経済的成功をした富豪《ふごう》が出てくると、雇用《こよう》も増え、社会が豊かになる。多くの人に賃金を払うことができるようになり、従業員も豊かになって、家を持てたり、車を持てたり、子《し》弟《てい》の教育ができるようになって、よいことなのだ。起業家が成功して、世の中を潤《うるお》していくことは、よいことなのだ」という考え方を持たないと駄《だ》目《め》なのです。

ところが、国家公務員などは、「俸給《ほうきゅう》は、法律・法令で定められているので、努力によって上がるわけではない」と思っていたり、入省時の成績等のランキングで、階層別に、出世がだいたい決まっているようなところがあって、「努力によって道が開ける」ということが、あまり分からないことが多いのです。そのため、そうした資本主義の精神に反するようなところがあります。

所得の「九割」を税金で取られていた「松下幸之助《まつしたこうのすけ》」

結局、「懲罰的にのみ、お金持ちが扱《あつか》われる」ということになると、「累《るい》進《しん》課税」というかたちで、処罰がなされていくわけですが、イギリスなどでは、ひどいときには、本当に、九十八パーセントぐらいまで取られるようなこともありましたし、日本でも、九十パーセントぐらいまでが税金ということがありました。

例えば、松下幸之助《まつしたこうのすけ》さんは、生前、長者番付によく名前を載《の》せていましたが、これは、長者番付ではなくて「納税者番付」に近いのです。そのときの税制は、九割税制だったので、松下幸之助さんは、「自分としては、会社のトップとして、いろいろな実業家たちとの交際もしなければいけないし、盆暮《ぼんく》れの付け届けなど、使わなくてはいけないお金もいろいろと出てくるので、可処分所得《かしょぶん》、使えるお金としては、一億円ぐらいは、手持ちがないと困るのだけれども、一億円の使えるお金をつくろうとしたら、十億円の収入が要《い》るのだ」というようなことを言っていました。

十億円の収入があっても、使えるのは一億円で、九億円は税金で取られていたわけです。これは、かなりきついことであり、松下幸之助さんも、これについては、やはり、不満をけっこう訴《うった》えかけてはいました。

戦後、松下幸之助さんは、ＧＨＱから財閥《ざいばつ》指定された際、「うちは、財閥ではありません。軍部から強要されたために、木造船をつくる試みをしたことはあるけれども、これは、私一代でつくった事業であって、財閥ではありません」と言って、何度も何度もＧＨＱに足を運び、交渉《こうしょう》して、財閥指定から解放されたわけです。

しかし、そのときに、「税金を滞納《たいのう》している」ということで、「日本一の税金滞納王」というように、新聞に発表されたのが悔《くや》しいところもあって、税金をきちんと納めるようにしたのでしょうが、長者番付の一位が続くような時代がけっこうあったと思います。

それにしても、戦後の当時のお金で、十億円稼いで九億円を税金で取られるというのは、なかなかきついことです。

その後、所得に対する最高税率は、七十五パーセントぐらい、七割ぐらいに下がり、五割ぐらいにまで減っていきましたが、また、五十五パーセントぐらいに上がり、今、少しずつ上がっていこうとしています。

教育による「成功の心理学」で豊かな人を増やす

さらに、「相続税」というものがかかります。財産をつくっても、それを相続税で取っていきますので、「三代続くと、だいたい百パーセントの税率になる」と言われています。

そのように、三代続くと全部持っていかれるので、「日本には、基本的には、財閥はできないシステムが出来上がっている。これが、日本に富の蓄積《ちくせき》が生まれない原因だ」というようにも言われているわけです。

そうした、要するに、「三代で、百パーセント取る。稼《かせ》いだものを全部持っていく」という税制のスタイルは、ある意味で、新しい人にチャンスを与えるという意味はあるかもしれません。

しかし、「富の力によって、社会基盤《きばん》を強化し、多くの人の雇用を生み、生活を安定させ、収入を上げさせて、需要《じゅよう》としての家や車、その他の高級品を買ってもらい、教育をつけてもらう。そして、多くの人たちが、中流から中流以上の生活へ向かっていく」という方向を目指すには、あまり望ましいシステムではないと考えます。

多数決を中心とする民主主義的に見れば、ごく一部のお金持ちの人たちにとっては文句を言っても通らないし、自分たちの〝犠牲《ぎせい》〟の下《もと》に成り立っている税制です。これでもって今、政府は、国家運営をし、収入のなかった人の老後の面倒《めんどう》まで見ようとして、計算がどうしても合わなくなって困っています。

しかし、必要なことは、やはり、「豊かな人を数多くつくっていく方法」を教えていくことだと思うのです。

その意味では、教育において、この「成功の心理学」を教えていくということは、極めて大事なことです。否定するのは簡単ですけれども、これを学問として結晶化《けっしょうか》させ、多くの人に伝授していくことは、極めて難しいことであると思っています。

6　成功と徳を両立する「三福《さんぷく》の思想」

成功するために必要なのは「熱意」と「成功のおすそ分け」

では、「どのようにすれば成功していくのか」ということですが、やはり、出発点は、まず、「熱意」だと思うのです。人間というのは、強い熱意を持たないと成功していきません。それも、「社会に貢献《こうけん》できるような仕事の目標、事業の目標」等を持ち、その目標に向かって強い熱意を抱《いだ》き、努力を重ね、それを持続していくことが大事になります。

その尊い目標を成就《じょうじゅ》していくために、熱意を持って、努力を継続《けいぞく》していき、そのなかから、ある程度の「智慧《ちえ》」を獲得《かくとく》していくことです。

さらに、思いとして、「自分一人の成功」は、ある程度、実現しやすく、「このようになりたい」と思うと、そのようになっていくことは多いと思いますが、それを自分一人のものとせず、「多くの人たちを潤《うるお》していこう。豊かにしていこう」という考え方の下《もと》に、さらにもう一段、人間としての器《うつわ》を広げていくことが大事なのではないでしょうか。

つまり、「成功のおすそ分け」の部分です。この部分を持っていないといけません。

例えば、昔であれば、安田財閥《やすだざいばつ》を設立した安田善次郎《ぜんじろう》氏が暗殺されましたが、「富に対する恨《うら》み」で暗殺するような人も出てきますし、彼のように恨みを買うこともあります。

あるいは、ロックフェラーのような人でも、「金儲《かねもう》けの権化《ごんげ》」のように言われ、五十代のころには、ものすごく痩《や》せ細って、心が病《や》み、死にかけの状態だったのです。

しかし、彼は、「その富を、自分だけのために使うのではなく、世の中のために使おう」と思い、ロックフェラー財団をつくって、世界各地に、病院や学校などを建てました。

「多くの人たちのために、その富を役立てよう」と考えて、決意したら、五十代で、すでに死にかけに近い状態だった人がよみがえり、また、いきいきと生きることができるようになったのです。

彼は、九十代後半ぐらいまで生き、長寿《ちょうじゅ》を全《まっと》うできました。そのような話もあるのです。

もう一段の「大きな成功」を望むために必要な心構え

結局、「個人の収入を、一千万、二千万、あるいは、数千万と上げる」というところまでは、個人的に創意工夫《くふう》し、人よりもプラスアルファの努力をしていくことで可能になると思います。

しかし、「それから先については、『世の中の人々のために尽《つ》くす』ということを、もう一つ、目的として掲《かか》げなければいけない。そうでなければ、それ以上の成功というものは望めないのだ」ということを知ったほうがよいでしょう。

これは、「もう一段の大きな成功を望む場合には、どうするか」ということですが、自分のために儲けようとしている人のところには、一定以上の金は集まってきません。

「我利《がり》我利《がり》亡者《もうじゃ》で、〝日本ドケチ教〟の元祖《がんそ》のような社長さんがお金持ちになるのだろう」と思うかもしれませんが、やはり、それでは駄目《だめ》なのです。そういう人は、他人《ひと》に嫌《きら》われますが、他人に嫌われて成功することはありません。

したがって、「その成功を、周りの人に、どのように分けていくか」ということが大事なのです。

これに関しては、幸福の科学の教えのなかにもありますし、また、本多《ほんだ》静六《せいろく》博士や幸田露伴《こうだろはん》も述べていますが、福について、「三福《さんぷく》」の説というものがあります。つまり、「惜福《せきふく》、分福《ぶんぷく》、植福《しょくふく》」という考え方であり、「自分にとって、ありえないような福や幸運が舞《ま》い込《こ》んできた場合に、どうするか」ということです。

例えば、私の家庭は、経済的には普通《ふつう》以下であったため、青年時代に至る二十歳《はたち》ぐらいまでは、そのような厳しい環境《かんきょう》下で過ごしてきました。

ただ、「自分が、そのような、『衣食住があり、勉強だけは何とかできる』という、贅沢《ぜいたく》ができない、ギリギリの状況下《じょうきょうか》で育ったから、ほかの人にも同じような生活を味わわせてやりたい」という考えでは駄目であり、自分が、そういう環境を通り抜《ぬ》けて、事業的に成功し、個人的にも収入を上げてきたならば、それを自分一人のものにしておいてはいけません。その過程で得た「富」や「智慧」の部分、あるいは「経験」の部分を、周りの人が、豊かになっていくために、成功していくために、分け与えていくことが大事だということです。

①「惜福《せきふく》」――思わざる幸福を大切に使おうという気持ち

この「三福」の説とは、「思わざる幸福、幸運を手に入れた場合、どのようにするか」ということであり、まずは、「惜福《せきふく》」が挙げられます。これは、「ありうべからざる幸運が自分に舞い込んできたならば、『これを大切に使おう』という気持ちを大事にしなければいけない」ということです。

親が子供を見て、「成功するかどうか」を判断する際、例えば、新しい学生服を新調してもらったら、すぐ新しい学生服ばかりを着て、古いものを、まったく着なくなるような子供であれば、「少し浪費癖《ろうひへき》があるな」と見るわけです。「借福」とは、「まだ着られる部分は着て、新しいものは、ときどき、大事なときにだけ着る」というようにすることに当たります。

そういうことは、女性であれば、着物などでもありえるでしょう。

あるいは、鉛筆《えんぴつ》ならば、「十分に、短くなるまで使い込み、継《つ》ぎ足して最後まで使ってから、次の新しい鉛筆を使うこと」に当たりますし、ノートでも同じです。

私の子供時代や受験時代の勉強などを例に挙げてみましょう。

例えば、私は、計算用紙として、書店で売っている筆記具や計算用紙のメモ帳のようなものを使うのはもったいないため、使いませんでした。

当時、新聞には、たいてい、いろいろな店の宣伝の折り込《こ》みチラシがたくさん入っており、両面印刷された場合はしかたがありませんが、片面しか印刷されていないチラシは裏側が白紙になっているので、これを集めておいて、数学の計算用紙として使っていました。

これが、「惜福の工夫」だと思います。

要するに、お金まで出してノートを買い、計算するのもよいけれども、要《い》らないものや、大したことのないもの、つまり、雑計算のようなものについては、折り込みチラシの裏で十分できます。

こういうことが、惜福の思想であり、こうした、惜福の思想を持たないで、お金持ちになった人はいません。

ある意味では、質素倹約《しっそけんやく》、節約の部分を持っていなければならず、無駄に、無制限に、物を湯水のごとく使って成功する人は、あまりいないということです。

こういう、惜福の思想を持っていることが、基本的には大事だと思います。

②「分福《ぶんぷく》」――自分が得た福を他の人に分けていく

次は、「分福《ぶんぷく》」の思想です。これは、「自分が得た富や幸運を、どのように、ほかの人にお分けしていくか」ということです。

例えば、自分が、運よく、人もうらやむような方と結婚《けっこん》できたとします。

そして、周りも、「まあ、うらやましいな」と言っているような状態だとしましょう。

それに対して、「そうだろう。うらやましいだろう。ざまあみろ」というような感じで生きているだけではよくありません。

「そういう幸運に恵《めぐ》まれて、よかったな」と思うのならば、チャンスがあるときに、ほかの人にも、よい人を紹介《しょうかい》してあげることです。それがうまくいった場合は、それもまた、福を分け与えることになります。

また、お金などの場合でも、ほかの人に、何らかの分福は可能でしょう。

戦前であれば、作家などは収入が多かったので、書生《しょせい》を十人も置けるぐらいの家を持っている人もいました。そのように、収入の多い作家が、作家修業《しゅぎょう》をする人に食事代を出し、養ってあげていたのです。収入が多いと、そういう人に富を分け与えて、修業させることもできました。

また、昔は、今のような、「老後の面倒《めんどう》を、全部、国に見てもらおう」という思想がなかった時代ですので、一族のなかで成功者が出たら、その成功者のもとに寄食《きしょく》することもあったのです。東京で成功した人がいたら、親戚《しんせき》一同が、田舎《いなか》から上京して、そこに転がり込んでご厄介《やっかい》になり、自分が独《ひと》り立ちできるまでの間、面倒を見てもらうこともありました。

教育資金を出してもらったり、あるいは、仕事を斡旋《あっせん》してもらったりというように、経済的な援助《えんじょ》をしてもらうことがあったわけです。

さらに、お金がある人が、いろいろと、学資を出したりするようなこともありましたし、昔は、篤志家《とくしか》のような方もいました。あるいは、学校の先生が、優秀《ゆうしゅう》な生徒のために、奨学金《しょうがくきん》代わりにお金を出すようなところもあったのです。

そのように、自分の富の一部、成功の一部を、福として、ほかの人にも分けていくことが、「分福」の思想です。

これも、先ほど述べた、嫉妬《しっと》や恨みを受けないで、人生修行《しゅぎょう》を進め、事業を進めていくためには大事な考えになります。惜福も大事ですが、分福も大事な考え方です。

③「植福《しょくふく》」――後世の人のために福を遺《のこ》していく

それから、もう一つは、当会でもよく述べていますが、「植福《しょくふく》」の思想というものがあります。「福を植える」という考えです。

今は、ものにならないのだけれども、将来、後《のち》に役に立つことのために、お金を投資するということであり、後の世のために遺《のこ》していくという考えになります。

この「植福の思想」とは、植林の思想などと、非常によく似た考えです。

今は、花粉症《かふんしょう》などで苦労している方もいるので、同じではないかもしれませんが、やはり、家を建てるためには木が要ります。

戦後などでも、植林というものが非常に大事なこととされ、私も、小学校や中学校時代などに、日本の林業について学んだ覚えがあります。

山に、新しく苗木《なえぎ》を植えて、それを育てるのですが、苗木を植えた人は、その木が大きくなった姿や、それが切り倒《たお》され、木材として加工されて売られ、柱になったり、いろいろな家具になったりして使われているところを見ることはできません。

「植福」とは、「自分の収入にはならないけれども、三十年後、あるいは、五十年後の人のために、山に苗木を植え続けていく」という行為《こうい》であり、これが、将来、役に立つわけです。

教育事業は植林によく似ている

教育事業もそれに似たところがあり、植林によく似ています。

つまり、種木、苗木を買って、泥《どろ》まみれになって山に植えていっても、それはすぐにお金にならないものです。

ただ、何十年か後《のち》には立派な大木になって、家の柱、大黒柱《だいこくばしら》になるような木に育ったり、他の大きな木造建築や家具、いろいろなものに使われたりしていきます。日本はまだ「木の文化」ですので、そういうことがあると思います。

要するに、教育はお金をかけても、建物をつくって先生を雇《やと》い、子供を教えても、すぐに成果が出るわけではないし、かけたお金や労力の分がすぐに返ってくるわけではないのです。

しかし、何十年か後《のち》の国の富にもなるし、世界の役に立つ人材をつくるという意味では、植福事業として非常に意味のあることだと思います。

「三福《さんぷく》の思想」は成功のための重要な考え

いずれにしても、初歩の段階としては、自分自身がお金を使ってしまって、それで満足する部分もあると思うのですが、次の段階は福を惜《お》しむということで、「惜福」をしながら質素倹約の思想も持ち、資本の蓄積《ちくせき》にいっそう励《はげ》むことが大事なのではないでしょうか。

さらに、その一部は、貧しい人や、今、お金を必要としている人のために「分福」をすることです。

そして、未来の子や孫、曾孫《ひまご》の代の方々に役立つようなこと、今すぐ収入として返ってこないものや、対価として自分が手に入れることのできないもののためにお金を投入していく、「植福」の考えを持つことが大事だと思います。

この「三福《さんぷく》の思想」がそろうことが、事業で成功して人々から尊敬されても敵を少なくし、自分がお金儲けの道のなかで徳を磨《みが》く道でもあるのです。

普通は、お金儲けはいやらしくて、成金《なりきん》で嫌われて「守銭奴《しゅせんど》」と言われたり、罵《のの》られたりすることが多いわけです。そういう嫉妬の刃《やいば》を避《さ》けながら、事業成功や職業上の成功で大を成していくためには、三福の思想を学んでおくことが極《きわ》めて大事ではないでしょうか。

ぜひとも、そういう考え方を頭の片隅《かたすみ》に持っておいていただきたいと思います。

7　人材を養成し、より大きな成功を成し遂《と》げる

「人材養成の考え方」を持つことで「大きな成功」が可能になる

また、さらに大きな成功をしていきたいという場合、個人としての成長は当然必要なのですけれども、そのなかで自分だけのことを考えずに、「人を育てる」という面が要《い》ります。

先ほど、「木を育てて次なる時代の富をつくる」という話をしましたが、

「人材を養成していく」という考え方は大事であると思うのです。

例えば、職人気質《かたぎ》で、自分一人しかできないという考えもあります。一人だけで三年もかかって家を建てるような大工《だいく》さんもいることはいるのです。

ただ、そうした、意固地《いこじ》になって、自分の思うようにならない他人をはねつけるような職人気質の傾向《けいこう》が、自分に強く出ているようだったら、少し考えを改めて、自分なりにつかんだ「学問的知識」や「経験」、「技術」をもう一段洗練させて、人に伝えられるようなかたちにしていく努力をしたほうがいいでしょう。

つまり、自分の考え方を書いて表したり、言葉で繰《く》り返し言ったりすることで、自分の「経験」や「智慧《ちえ》」、「体得していったもの」を他の人に伝授する方法を考える努力は必要だと思います。

これは、経営者でいえば「経営理念の練り上げ」ということになりますし、個人でいえば、大作家になった人が後進を育てる意味で、ベストセラーを書く条件をノウハウ的に教えていくというようなことです。

おそらく、勉強の仕方のようなものは、みんな秘密にして隠《かく》しているところは多いと思うのですけれども、そのなかから公開して、ほかの人も同じような成功ができるように育てていく面は要ると思うのです。そういう心掛《こころが》けを持たないで、「大きな成功」を収めることは難しいでしょう。

自分の考えを「他の人がまねできるシステム」をつくる

例えば、夏目漱石《なつめそうせき》は作家としても大成功したかもしれませんが、彼は金銭《きんせん》的に周りに撒《ま》いただけではなくて、「漱石山脈」といわれるように、次々と弟子《でし》がたくさん出てきています。

それはやはり、彼との文学談議を経《へ》たり、指導を受けたことで、次々と優秀《ゆうしゅう》な作家が生まれてきたのだと思うのです。そういうふうな、山脈のような人脈をつくっていかなければいけません。

あるいは、お店であれば商売成功の秘訣《ひけつ》をある程度固めて、〝のれん分け〟ではありませんが、今で言えばチェーン店に当たるようなもので、自分の考え方や経営理念の下《もと》に事業を行っていけるような弟子をつくることです。その番頭《ばんとう》さんを独立させて広げていくような思想を持っていくと、もう一段大きな成功ができるでしょう。

ただ、この前には、その考え方をまとめて、パッケージ化して人に分け与《あた》えられるような知的努力は必要だと思うのです。

それなのに、この努力を惜《お》しんで職人的・直感的に、「これは駄目《だめ》だ！」と決めつけたり、帝国《ていこく》ホテルの料理長ではありませんが、「技術は勝手に盗《ぬす》め」「見よう見まねで盗むんだ」と言って教えないことがあります。

その場合、秘伝のタレや料理の仕方を教えてくれないので、若い人たちは残った出汁《だし》や炒《いた》めた物の汁を舐《な》めてみて、「これはAとBを、このくらいの割合で混ぜたのではないか」というような判断をして、まねていくということもあるでしょう。

そのように、はっきりと教えてくれないことがありますけれども、「大ならん」と欲《ほっ》せば、必ず、その「仕組み」や「システム」をつくっていくという考え方は持つべきです。

つまり、会社でも社長一人の〝直感〟だけで経営しているうちは絶対に大きくはならないのであって、考え方を明らかにし、「システム」や「活動の仕方」、「やり方」を明確にしていくことによって、ほかの人もまねることができるようにしなければいけません。

大企業《だいきぎょう》への道は「自分の分身」をつくっていく道でもある

したがって、自営業や個人営業、零細企業《れいさいきぎょう》が中小企業になり、中小企業から大企業になっていく方法は、そういうかたちで自分の考え方をできるだけ分かるようなかたちにしていくことです。折々に書きためたり、まとめたりして人々にそれを学ばせ、自分と同じような考え方を持った、自分の代わりに仕事ができるような人をつくっていって、システム的にそれを大きくしていくべきでしょう。

要するに、〝のれん分け〟をしていくようなかたちで分社していくのです。あるいは、事業部制的に広めていくというようなかたちで、自分の代理ができるような人をどんどんつくっていくことや、自立させていくことが、やはり大きな成功だといえると思います。

例えば、リクルートという会社は事件を起こして、ずいぶん傷ついた面もありますけれども、リクルート社を経験して独立していった人は、たくさん会社をつくっていきました。

そういう意味で、「パイオニア精神」や「創業の精神」をつくって、そこで学んだ人がいろいろな会社をつくっていったこと自体は、すごいことだと思います。

リクルート社は、会社としては、不運にも事故に遭《あ》ったし、それには経営者に足りざる面があったことは事実でしょう。

しかし、そこで学んだ人がいろいろなところで事業展開をしたり、成功したりしていくことが数多くありました。

「任せて任せず」の精神が大を成すポイント

一方、プリンス系の西武《せいぶ》のホテルや西武鉄道系の経営者だった堤義明《つつみよしあき》氏の思想は、「頭は自分一人でいいんだ」「あとはもう手足だけでいいんだ」というようなものでした。

さらに、「大卒なんかもう要らない。頭は自分一人で十分である。ほかは要らない」ということだったのでしょう。例えば、大卒を入れるにしても、「高卒扱《あつか》いでいいなら採ってやってもいい」として、東大野球部卒の人も高卒扱いで採用ということもありました。やや傲慢《ごうまん》すぎるかとは思うのですが、「特別な扱いはしない」ということでしょう。

ただ、最後は蹉跌《さてつ》しましたので、やはりそれは十分ではないと思うのです。人間の頭には限界があります。

これは、私も重々反省して、「そういうふうになってはいけない」と思っていますが、自分に才能や才覚、見識があると、同じようなことがほかの人にはできないので、どうしてもまどろっこしくて任せられないところがあるのです。

しかし、松下幸之助《まつしたこうのすけ》氏が述べているように、「任せて任せず」の精神で、「この部分を任すけど、完全に任し切らないで、大事なところはツボを押《お》さえていく」という指導をしながら、任せていく領域を増やさないと、大を成すことはできないと思います。

もちろん、堤義明《つつみよしあき》氏の場合はワンマン独裁経営で成功しているうちはよかったのですが、バブル崩壊《ほうかい》で事業が経営危機になったときに、けっこう内部からの反乱は多かったでしょう。

そういう意味で、結局は内部から崩《くず》れていって、外からも潰《つぶ》されていったことはあったのではないかと思います。

要するに、一人の〝帝王〟が生まれたらいいというわけではなくて、

「人材を養成していく努力は怠《おこた》ってはならない」ということを常に考えるべきです。自分の会社のなかで人を育てることが大事だと思います。

「人間としての器《うつわ》」を広げなければ事業は成長しない

例えば、松下幸之助氏は、「『松下電器というのは、人をつくる会社です。あわせて電気製品をつくっています』と答えなさい」というようなことを述べていました。

ただ、このなかには言い訳もたぶんあると思います。まだ粗悪品《そあくひん》が多かった時代に、「（松下電器の）電気製品はいい」ということを宣伝できなかったのでしょう。「おまえのところはいつも電球がすぐ切れるじゃないか」「このソケットはもう不良品や！」などと言われていた時代だと思うので、「松下電器は人をつくるところです」というようなことを一生懸命《いっしょうけんめい》に言わせていたのかもしれません。

これは、禅問答《ぜんもんどう》的に賢《かしこ》い営業トークであった面も見抜《みぬ》かねばならないと思いますが、半面は本心であったところも事実でしょう。

つまり、松下氏は、「自分自身は小学校中退の学歴で、十万人、二十万人の大企業をつくるには到底値《とうていあたい》しないし、最初は中学卒の人が入ってくるだけでもありがたい。次は高校卒の人が入ってくるだけでもありがたい。

それから、高専卒の人が入ってくるようになって、会社が大きくなり、次にはとうとう大卒の人で、阪大《はんだい》卒や京大《きょうだい》卒、東大《とうだい》卒の人まで入ってくるようになった。

私は、小学校四年で中退したくらいの学歴しかないのに、東大の工学部や大学院まで卒業しているような人を使わないといけないし、そうしないとコンピュータやロボットなどの未来的なものは分からない。

そして、最後のほうになったら、自分の会社がつくっている製品も分からなくなった」というようなことを述べているので、主として経営指導に回っていったと思うのです。

要するに、理系としては専門技術が進みすぎて、もはや指導はできないけれども、経営指導や営業指導はできるので、人を育てていったのでしょう。

そのように、小学校中退でも、中卒や高卒、専門学校卒、それから大卒や大学院卒の人を使えるようになって、企業の成長とともに、使える人の学力、才能のレベルが高くなっていきました。

やはり、このような「器《うつわ》」を広げていく努力をするべきですし、自分自身で〝天井《てんじょう》〟を上げていかなければいけないと思います。それだけの「人間的な成長」を遂《と》げないと事業も同時には成長しないので、人を育てることは極《きわ》めて大事なのです。

つまり、学校の教育だけが教育ではなくて、社会においても教育はあるのです。

例えば、会社をつくっても、「どれだけ利益が上がったか」「赤字か、黒字か」ということだけに目が行く人もいるでしょう。しかし、数字だけしか言えない経営者や社長は、それほど尊敬されないように思うのです。

もちろん、よい数字を出すのは立派なことだとは思います。銀行からもほめられるし、世間《せけん》からもほめられるかもしれません。よい会社でよい数字が出ていれば、上場して名誉《めいよ》を得られることもあるでしょう。ただ、それだけでは成功として不十分だと思います。

やはり、十分に人が育っていること、立派な人が次々と育ってくるということが、大事なのではないでしょうか。

教育者が感じるべき「最大の喜び」とは

幸福の科学においても、私の教えを受けた人たちが、十年、二十年、三十年とたって、次第《しだい》に立派になり、十分に社会に通用する人材として成長していくことが、私自身の喜びでもあります。

また、幸福の科学学園の中学・高校生たちが、その〝卵〟として、しっかりと学び、さらに大学で、立派な社会人になっていくための「創業の学」「帝王学《ていおうがく》」をしっかりと学ぶことで、社会に貢献《こうけん》できる人材をつくっていければありがたいと思っています。

子供の教育に関しては、ちょうど、サケの産卵のようなものかもしれません。

サケはたくさんの卵を産みますが、例えば、数千匹《びき》分の卵を産んだ場合、そのなかの何匹が大きなサケになって海から戻《もど》ってきて、川を遡上《そじょう》して上流まで行き、また産卵することができるでしょうか。

それは、数千分の一つ、二つかもしれません。非常に低い確率かもしれないのですが、それでも卵を産み続けなくてはいけないのです。

それと同じように、「人を育て続けないと、人材は出てこない」というように考えています。

もちろん、全部が全部、自分のものにはならないでしょうし、成果を生まないかもしれません。しかし、そういう〝遺伝子〟をつくっていくこと自体が、それに取り組んでいる本人自身の成長にもなります。また、周りの人々が育って偉大《いだい》になっていくことに喜びを感じることが大事であると思うのです。

やはり、教師の最大の喜びは、「自分の教え子より自分のほうが偉《えら》い」ということを自慢《じまん》することではなくて、「自分よりも立派な人材を、自分が育て上げられた」ということではないでしょうか。それこそが「最大の喜び」であるべきだと思っています。

それは学校の教員だけではありません。事業経営などをしている人でも同じです。

例えば、社長をしている人であれば、自分が会社で教えている人のなかから、自分以上の経営者になるような人が次々と出てくるようなことでしょう。そのようにして、日本の経済を支え、世界にとって大きなプラスのエネルギーになっていくことはありがたいという気持ちを持っていくことが、非常に大事なことなのだと思います。

8 「社会の公器《こうき》」「公人《こうじん》」へのパラダイムシフト

会社が「公器《こうき》」となるときに必要なパラダイムシフト

成功を目指す人は、途中《とちゅう》までは「個人としての成功」を目指すことが大事です。セルフ・ヘルプの精神で、自助努力しながら、「個人としての成功」を目指すべきでしょう。

また、信仰《しんこう》のレベルでいえば、当然ながら、「個人としての成功」を目指すなかに神仏の御加護《ごかご》も働いてきて、導いてくださるわけではあります。

ただ、一定以上の大きさや規模になった場合は、個人の所有物としての会社などではなく、これが「公器《こうき》」、公《おおやけ》の器《うつわ》になってきます。

また、大会社とは、社員数でいえば、だいたい一千人以上からになりましょうが、それだけの社員数がなくても、レベルの高い会社というものはあります。コンサルタント会社のように、会社を指導するコンサルタントができるような社員を集めているところであれば、ドラッカーが言うように、たとえ二百人ぐらいの社員数であっても、大会社としての性質は備えています。つまり、内部の社員のクオリティが高ければ、小さくても「公器」としての性質は当然備えているものだと思います。

いずれにせよ、小さく零細《れいさい》的に始めたものが大きくなっていくなかで、「公器」になってくるときがあるのです。

このときに、トップである人は、考え方のパラダイムシフトをしなければいけません。それまでは、「自分としての成功」や、「自分の家族の幸福」だけを考えていればよかったことも多かったと思うのですが、公器になってきたならば、やはり社会の一部としての機能を果たしているわけです。

したがって、「わが社が、社会の一部としての機能を果たしているのだ。そういう意味では社会を支えているのだ」という考え方が必要でしょう。「会社は、自分個人のものではなく、社会の公共物なのだ。公共財産としての会社なのだ」、あるいは、「公共財産としての学校なのだ」という考え方を持てるように、パラダイムシフトをかけていかなければいけないのです。
つまり、もはや「個人としての成功」だけでは駄目《だめ》だということです。

私自身に起きた「公人《こうじん》」としての自覚の変化

私も、たくさんの本を書いていましたので、高額納税者番付などに出たわけですが、初期のころは「作家部門」に名前が載《の》りました。やはり、新興宗教に対する世間《せけん》の偏見《へんけん》は非常に強いので、「まずは作家的な面で有名になり、世間の偏見を取り除いてから支持を受けるようにしたほうが、兵法的にはよい」と見たのです。作家として成功しているように見えれば、

「みんなも読んでいるから、あなたも読みませんか」というレベルでもいけますので、高額納税者として作家部門に名前を出すような努力もしていました。

給料をたくさんもらうわけにもいかないものの、本が売れたら印税というかたちで入るので、よく売れる本を書けば自分の収入にもなりますし、教団としても収入になるわけです。そのあたりが両立するところだと思って、九〇年代ぐらいまでは、そうしていました。

十年ぐらい連続して高額納税者番付に名前が載ったこともありましたし、日本の高額納税者のベスト百というようなランキングにも二回、入ったことがあります。そういう時代もありました。

もちろん、現在も数多くの本を書いてはおります。ただ、今では多くの信者ができており、最初のように、信者がいない段階ではありません。「私の本を読んで信者になる」というような、私が主体であった時代は終わっています。教団が出来上がってきて、本のPRをしたり、本の制作の手伝いをしたりしてくれる人もいますし、支部の信者の方々も、本を広げていく運動をしてくれているのです。そのため、昔の作家的な態度は改めて、印税の部分はすべて教団に寄付をして、教団の収入にしています。

通常の新刊書籍《しょせき》の収入は、海外部門の事業展開をするための資金に充《あ》てていますし、政治関係の本も出した場合は、政党（幸福実現党）の資金に充てています。あるいは、教育関係の参考書のようなものを書いた場合は、印税収入に当たる部分を、「サクセスNo.1《ナンバーワン》」（幸福の科学が開設している仏法真理塾《ぶっぽうしんりじゅく》で、信仰教育のほか、基礎《きそ》学力や応用学力の形成にも力を入れている）や幸福の科学学園の資金に充てたりしています。

こうしたことは、私が、幸福の科学ならびに幸福の科学グループのそれぞれの事業体を、一種の「公器」、「公共財」として認識するように至っていることの表れでしょう。

いくら個人として収入が増えたところで、それ以上のものではありません。やはり、公共財としての幸福の科学グループが、日本を支え、世界を支える大きなものになっていくことが大事でありますし、「それが自分の成功と同じなのだ」と考えるように、自分では頭の切り換《か》えに入っています。

「だんだん成功するにつれて、公人《こうじん》としての自覚を持たねばならない」

ということは、こういうことなのだろうと思うのです。


「創業の精神」が生き続け、事業を継承《けいしょう》していくためには

ただ、「公人としての自覚」については教科書がないので、なかなか教わることができません。教科書がないために、公人としての自覚は、そう簡単に生まれないし、そんな簡単に教えてもらえるわけではないのです。

また、教えるに足る人も数多くは出てこないので、自ら学び取るしかないでしょう。

ただ、まずは、「成長と同時に公人化していく」ということを、自分で心に思うことが大事です。心に思えば、そのようになっていきます。

そして、できるだけ公人になって、最後は、「自分がこの世を去っても事業が継承《けいしょう》され、続いていくようにするにはどうすればいいか」ということを中心に組み立てていくことも大事だと思うのです。

「どのようなかたちで事業を継承していくか。百年、二百年、三百年、あるいはそれ以上、千年、二千年と事業が続いていくためにはどうしたらよいのか」。そういうことを、創業者や創立者は中心的に考えていかねばならないのではないでしょうか。

もちろん、幸福の科学学園、あるいは幸福の科学大学も、創業期においいては、まず事業成功をさせなければ意味がありません。目に見えるかたちで、有能な人材を輩出《はいしゅつ》することに努力するなど、世間からも認められるようなことを一生懸命《いっしょうけんめい》にしなければいけないと思います。

ただ、この教育システムが次第に公共財として認知され、日本のいろいろな所に伝播《でんぱ》し、あるいは海外でも、「それをまねたい」という学校が出てくるはずです。

そのような〝遺伝子〟をつくり上げ、広げていくことによって、後世に大学や学園として続いていくことになれば、その「創業の精神」は生き続けていきます。また、発展し続けていくということになるわけです。私は、そういうことを考えています。

9　失敗も成功の種とする「成功の心理学」

失敗や挫折《ざせつ》も「学びの種」とすれば、すべてが成功につながる

本書では、「個人として豊かになっていくことの大切さ」、あるいは、「ある程度、多くの人を使って事業を起こしていき、大きな成功者になっていくための考え方」等を含《ふく》めて、「人間としての成長に資《し》するものの考え方とは何であるか」ということについて語ってきました。

「成功の心理学」においては、この世的に見れば失敗や挫折《ざせつ》と思われることも、すべて〝肥《こ》やし〟になっていくところがあります。事業的に言えば、「九つ失敗して一つ成功する」というようなことも本当なのかもしれませんが、その失敗も単なる失敗ではなくて、「新しい事業の種」「新しい成功の種」になるのです。

やはり、あらゆることを「学びの種」として使えば、すべてが成功になっていくわけです。

私の述べる「百戦百勝」とはそういうことです。失敗も単なる失敗ではありません。「失敗学」というものがあるように、「なぜ失敗したのか」「どこがうまくいかなかったのか」「市場のどこが違《ちが》ったのか」「考え方や経営思想のなかの、どこに間違いがあったのか」「人の使い方や育て方のなかの、どこに間違いがあったのか」というようなことを学び取っていくことによって、さらなる次の成功につなげていくことができるのです。

つまり、「まいた種は、すべて枯《か》れることなく、育てていくことができるのだ」という意味での成功学を考えているということです。

「成功の心理学」の要諦《ようてい》を学ぶことで「成功軌道《きどう》」に乗る

当会では、成功学に関する本は数多く出ています。本人の器量、力量、才能、あるいは魂《たましい》の力の差はありましょうが、「成功の心理学」の要諦《ようてい》に当たる部分を学ぶことによって、ある程度のところまで成功軌道《きどう》に乗ることができると思います。

それは、カーナビというシステムを開発することによって、あらゆる人が目的地まで着くことができるようになったことと同じです。

〝成功地図〟のつくり方を教え、「道順をどう選べば、そこにたどり着くか」ということを教えることができれば、さらに、それを学び取ることができれば、ほとんどの人が、ある程度の成功軌道に乗ることができると、私は思っています。

この講義も、ある意味で、当会の「成功学の概要《がいよう》」を成すものであり、「成功の心理学」の概論に当たる部分ではあります。

また、私は、「事業成功」や「個人としての成功」、あるいは、「豊かになる」「富豪《ふごう》になる」「お金持ちになる」ということが、単なる釣り文句《もんく》やお題目《だいもく》として言われているのではなく、実体験を通して、「本当にありえるのだ」ということを伝えたいのです。

そういうことを分かっていただければ、ありがたいと思います。

あとがき

「成功の心理学」は確実に学ぶことができるし、経験を通して「智慧《ちえ》」に成長させていくことができる。私自身も約四十年前は、鉛筆一本に勝負を賭《か》けた、地方出身の、一介の貧しい東大の学生だった。夕食を駒場寮食堂で一番安いA定食百八十円に抑えて、文庫本や新書一冊分の購入代金をひねり出すことすらあった。衣類は、春夏物二着、秋冬物二着を交替で着廻《きまわ》しており、当然女の子をデートに誘う勇気も自信も、お金もなかった。

やがて実学と実社会での鍛え込みを経て、独立。資本金ゼロでスタートして、個人的にもミリオネイヤーを経験したが、幸福の科学グループも全世界に活動拠点を持つ、大企業並みの財政基盤を、「無借金経営」で成し遂げた。

いまだに新しい事業に次々と挑戦しているが、他人《ひと》が失敗と思うことでも、私は、成功への種であり、発展のチャンスと考えている。この「思考」の勢いは止まらない。ぜひとも若い諸君に学んで頂きたい。

二〇一四年　八月二十一日

幸福《こうふく》の科学《かがく》グループ創始者兼総裁《そうししゃけんそうさい》

幸福《こうふく》の科学大学創立者《かがくだいがくそうりつしゃ》　大川隆法《おおかわりゅうほう》

『「成功の心理学」講義』大川隆法著作関連書籍

『幸福の科学大学創立者の精神を学ぶⅠ（概論）』（幸福の科学出版刊）
『幸福の科学大学創立者の精神を学ぶⅡ（概論）』（同右）
『宗教社会学概論』（同右）
『常勝思考』（同右）
『「経営成功学」とは何か』（同右）
『マルクス・毛沢東のスピリチュアル・メッセージ』（同右）
『「ユング心理学」を宗教分析する』（同右）

「成功《せいこう》の心理学《しんりがく》」講義《こうぎ》
――成功者に共通する「心の法則」とは何か――

2014年 8 月22日　初版第 1 刷
2014年 9 月22日　　　 第 2 刷

著　者　　大《おお》　川《かわ》　隆《りゅう》　法《ほう》

発行所　　幸福の科学出版株式会社

〒107-0052 東京都港区赤坂 2 丁目 10 番 14 号
TEL(03)5573-7700
http://www.irhpress.co.jp/

印刷・製本　株式会社 東京研文社

落丁・乱丁本はおとりかえいたします

ISBN978-4-86395-536-3 C0011

大川隆法シリーズ・最新刊（幸福論シリーズ）

北条政子の幸福論
―嫉妬・愛・女性の帝王学―

現代女性にとっての幸せのカタチとは何か。夫である頼朝を将軍に出世させ、自らも政治を取り仕切った北条政子が、成功を目指す女性の「幸福への道」を語る。

1,500 円

孔子の幸福論

聖人君子の道を説いた孔子は、現代をどう見るのか。各年代別の幸福論から理想の政治、そして現代の国際潮流の行方まで、儒教思想の真髄が明かされる。

1,500 円

ムハンマドの幸福論

西洋文明の価値観とは異なる「イスラム世界」の幸福とは何か？　イスラム教の開祖・ムハンマドが、その「信仰」から「国家観」「幸福論」までを語る。

1,500 円

パウロの信仰論・伝道論・幸福論

キリスト教徒を迫害していたパウロは、なぜ大伝道の立役者となりえたのか。「ダマスコの回心」の真実、贖罪説の真意、信仰のあるべき姿を、パウロ自身が語る。

1,500 円

Noblesse《ノーブレス》 Oblige《オブリージ》　「高貴なる義務」を果たす、「真のエリート」を目指せ。

幸福の科学学園

中学校・高等学校（那須本校）

Happy Science Academy Junior and Senior High School

私は、
教育が人間を創ると
信じている一人である。
若い人たちに、
夢とロマンと、精進、
勇気の大切さを伝えたい。
この国を、全世界を、
ユートピアに変えていく力を
出してもらいたいのだ。

（幸福の科学学園 創立記念碑より）

幸福の科学学園 創立者
大川隆法

幸福の科学学園（那須本校）は、幸福の科学の教育理念のもとにつくられた、男女共学、全寮制の中学校・高等学校です。自由闊達な校風のもと、「高度な知性」と「徳育」を融合させ、社会に貢献するリーダーの養成を目指しており、2014年4月には開校四周年を迎えました。

幸福の科学グループの教育事業

Noblesse《ノーブレス》 Oblige《オブリージ》

「高貴なる義務」を果たす、
「真のエリート」を目指せ。

2013年 春 開校

幸福の科学学園 関西中学校・高等学校

Happy Science Academy
Kansai Junior and Senior High School

私は日本に
真のエリート校を創り、
世界の模範としたい
という気概に満ちている。
『幸福の科学学園』は、
私の『希望』であり、
『宝』でもある。
世界を変えていく、
多才かつ多彩な人材が、
今後、数限りなく
輩出されていくことだろう。
（幸福の科学学園関西校 創立記念碑より）

幸福の科学学園 創立者
大川隆法

滋賀県大津市、美しい琵琶湖の西岸に建つ幸福の科学学園（関西校）は、男女共学、通学も入寮も可能な中学校・高等学校です。発展・繁栄を校風とし、宗教教育や企業家教育を通して、学力と企業家精神、徳力を備えた、未来の世界に責任を持つ「世界のリーダー」を輩出することを目指しています。

幸福の科学学園・教育の特色

「徳ある英才」の創造

教科「宗教」で真理を学び、行事や部活動、寮を含めた学校生活全体で実修して、ノーブレス・オブリージ(高貴なる義務)を果たす「徳ある英才」を育てていきます。

体育祭

一人ひとりの進度に合わせた「きめ細やかな進学指導」

熱意溢れる上質の授業をベースに、一人ひとりの強みと弱みを分析して対策を立てます。強みを伸ばす「特別講習」や、弱点を分かるところまでさかのぼって克服する「補講」や「個別指導」で、第一志望に合格する進学指導を実現します。

授業の様子

天分を伸ばす「創造性教育」

教科「探究創造」で、偉人学習に力を入れると共に、日本文化や国際コミュニケーションなどの教養教育を施すことで、各自が自分の使命・理想像を発見できるよう導きます。さらに高大連携教育で、知識のみならず、知識の応用能力も磨き、企業家精神も養成します。芸術面にも力を入れます。

探究創造科発表会

自立心と友情を育てる「寮制」

寮は、真なる自立を促し、信じ合える仲間をつくる場です。親元を離れ、団体生活を送ることで、縦・横の関係を学び、力強い自立心と友情、社会性を養います。

毎朝夕のお祈りの時間

幸福の科学学園の進学指導

1 英数先行型授業

受験に大切な英語と数学を特に重視。「わかる」(解法理解)まで教え、「できる」(解法応用)、「点がとれる」(スピード訓練)まで繰り返し演習しながら、高校三年間の内容を高校二年までにマスター。高校二年からの文理別科目も余裕で仕上げられる効率的学習設計です。

2 習熟度別授業

英語・数学は、中学一年から習熟度別クラス編成による授業を実施。生徒のレベルに応じてきめ細やかに指導します。各教科ごとに作成された学習計画と、合格までのロードマップに基づいて、大学受験に向けた学力強化を図ります。

3 基礎力強化の補講と個別指導

基礎レベルの強化が必要な生徒には、放課後や夕食後の時間に、英数中心の補講を実施。特に数学においては、授業の中で行われる確認テストで合格に満たない場合は、できるまで徹底した補講を行います。さらに、カフェテリアなどでの質疑対応の形で個別指導も行います。

4 特別講習

夏期・冬期の休業中には、中学一年から高校二年まで、特別講習を実施。中学生は国・数・英の三教科を中心に、高校一年からは五教科でそれぞれ実力別に分けた講座を開講し、実力養成を図ります。高校二年からは、春期講習会も実施し、大学受験に向けて、より強化します。

5 幸福の科学大学(仮称・設置認可申請中)への進学

二〇一五年四月開学予定の幸福の科学大学への進学を目指す生徒を対象に、推薦制度を設ける予定です。留学用英語や専門基礎の先取りなど、社会で役立つ学問の基礎を指導します。

授業の様子

詳しい内容、パンフレット、募集要項のお申し込みは下記まで。

幸福の科学学園 関西中学校・高等学校

〒520-0248
滋賀県大津市仰木の里東2-16-1
TEL.077-573-7774
FAX.077-573-7775
[公式サイト]
www.kansai.happy-science.ac.jp
[お問い合わせ]
info-kansai@happy-science.ac.jp

幸福の科学学園 中学校・高等学校

〒329-3434
栃木県那須郡那須町梁瀬 487-1
TEL.0287-75-7777
FAX.0287-75-7779
[公式サイト]
www.happy-science.ac.jp
[お問い合わせ]
info-js@happy-science.ac.jp

仏法真理塾

サクセスNo.1

未来の菩薩を育て、仏国土ユートピアを目指す！

仏法真理塾「サクセスNo.1」とは

宗教法人幸福の科学による信仰教育の機関です。信仰教育・徳育にウエイトを置きつつ、将来、社会人として活躍するための学力養成にも力を注いでいます。

サクセスNo.1 東京本校（戸越精舎内）

「サクセスNo.1」のねらいには、「仏法真理と子どもの教育面での成長とを一体化させる」ということが根本にあるのです。

大川隆法総裁　御法話「『サクセスNo.1』の精神」より

仏法真理塾「サクセスNo.1」の教育について

信仰教育が育む健全な心

御法話拝聴や祈願、経典の学習会などを通して、仏の子としての「正しい心」を学びます。

学業修行で学力を伸ばす

忍耐力や集中力、克己心を磨き、努力によって道を拓く喜びを体得します。

法友との交流で友情を築く

塾生同士の交流も活発です。お互いに信仰の価値観を共有するなかで、深い友情が育まれます。

●サクセスNo.1は全国に、本校・拠点・支部校を展開しています。

校名	TEL	FAX
東京本校	TEL.03-5750-0747	FAX.03-5750-0737
名古屋本校	TEL.052-930-6389	FAX.052-930-6390
大阪本校	TEL.06-6271-7787	FAX.06-6271-7831
京滋本校	TEL.075-694-1777	FAX.075-661-8864
神戸本校	TEL.078-381-6227	FAX.078-381-6228
西東京本校	TEL.042-643-0722	FAX.042-643-0723
札幌本校	TEL.011-768-7734	FAX.011-768-7738
福岡本校	TEL.092-732-7200	FAX.092-732-7110
宇都宮本校	TEL.028-611-4780	FAX.028-611-4781
高松本校	TEL.087-811-2775	FAX.087-821-9177
沖縄本校	TEL.098-917-0472	FAX.098-917-0473
広島拠点	TEL.090-4913-7771	FAX.082-533-7733
岡山本校	TEL.086-207-2070	FAX.086-207-2033
北陸拠点	TEL.080-3460-3754	FAX.076-464-1341
大宮拠点	TEL.048-778-9047	FAX.048-778-9047

全国支部校のお問い合わせは、
サクセスNo.1 東京本校(TEL. 03-5750-0747)まで。

メール info@success.irh.jp

エンゼルプランV

信仰教育をベースに、知育や創造活動も行っています。

信仰に基づいて、幼児の心を豊かに育む情操教育を行っています。また、知育や創造活動を通して、ひとりひとりの子どもの個性を大切に伸ばします。お母さんたちの心の交流の場ともなっています。

TEL 03-5750-0757　FAX 03-5750-0767
メール angel-plan-v@kofuku-no-kagaku.or.jp

ネバー・マインド

不登校の子どもたちを支援するスクール。

「ネバー・マインド」とは、幸福の科学グループの不登校児支援スクールです。「信仰教育」と「学業支援」「体力増強」を柱に、合宿をはじめとするさまざまなプログラムで、再登校へのチャレンジと、進路先の受験対策指導、生活リズムの改善、心の通う仲間づくりを応援します。

TEL 03-5750-1741　FAX 03-5750-0734
メール nevermind@happy-science.org

ユー・アー・エンゼル!（あなたは天使!）運動

障害児の不安や悩みに取り組み、ご両親を励まし、勇気づける、障害児支援のボランティア運動です。学生や経験豊富なボランティアを中心に、全国各地で、障害児向けの信仰教育を行っています。保護者向けには、交流会や、医療者・特別支援教育者による勉強会、メール相談を行っています。

TEL 03-5750-1741　FAX 03-5750-0734
メール you-are-angel@happy-science.org

シニア・プラン21

生涯反省で人生を再生・新生し、希望に満ちた生涯現役人生を生きる仏法真理道場です。週1回、開催される研修には、年齢を問わず、多くの方が参加しています。現在、全国8カ所（東京、名古屋、大阪、福岡、新潟、仙台、札幌、千葉）で開校中です。

東京校 TEL 03-6384-0778　FAX 03-6384-0779
メール senior-plan@kofuku-no-kagaku.or.jp